# MÉMOIRES

## DE LA

## SOCIÉTÉ GÉOLOGIQUE

### DU NORD

## TOME VI

### I

P. BERTRAND

## ÉTUDE DU STIPE

DE

# L'ADELOPHYTON JUTIERI B. Renault

LILLE
IMPRIMERIE L. DANEL
—
1907

# MÉMOIRES DE LA SOCIÉTÉ GÉOLOGIQUE DU NORD



(1) Les prix sont augmentés des frais d'envoi quand les volumes ne sont pas pris directement au dépôt.

# ÉTUDE DU STIPE



DE

# L'ADELOPHYTON JUTIERI B. RENAULT

# MÉMOIRES

DE LA

## SOCIÉTÉ GÉOLOGIQUE

DU NORD

**TOME VI**

I

---

## ÉTUDE DU STIPE

DE

## L'ADELOPHYTON JUTIERI B. Renault

PAR

Paul BERTRAND

Préparateur au Musée Houiller de l'Université de Lille.

LILLE

IMPRIMERIE L. DANEL.

—

1907

# ÉTUDE

DU

# STIPE DE L'ADELOPHYTON JUTIERI

(B. RENAULT)

Par P. BERTRAND,

Préparateur au musée houiller de l'Université de Lille.

Les seules indications, que nous possédions sur l'Adelophyton Jutieri, sont dues à Bernard Renault; elles ont été tirées de l'étude de 10 préparations, prélevées aux deux extrémités de l'unique échantillon connu de cette plante. Le mémoire de Renault a été publié dans le 13ᵉ Bulletin de la Société d'Histoire Naturelle d'Autun, 1900, sous ce titre: *Sur un nouveau genre de tige fossile* (Pages 405 à 424); il est accompagné de belles phototypies dues à Montpillard (Planches VI à X). Le texte et les planches montrent que l'Adelophyton réalise un type de structure tout différent de ce que nous connaissons soit chez les végétaux actuels, soit chez les végétaux anciens. La confection du catalogue de la collection Renault nous a fourni l'occasion de voir ces coupes et nous devons à l'extrème bienveillance de Monsieur le Professeur Bureau d'avoir pu les étudier; nous lui en exprimons ici toute notre reconnaissance. Au cours de cette étude nous avons été amené à faire quelques remarques, que nous croyons devoir publier parce qu'elles complètent et rectifient l'œuvre de l'illustre et regretté paléobotaniste français.

### 1. — *Extérieur de l'Échantillon.*

L'unique exemplaire actuellement connu de l'Adelophyton Jutieri est déposé dans les collections de l'École forestière de Nancy. Il a été trouvé par M. Jutier, sous un dolmen de la Haute-Alsace, et l'on ignore encore de quel terrain il provient; Renault le rapportait au Culm. Cet échantillon est un fragment de stipe silicifié (1); il a la forme d'un demi-tronc de cône, qui aurait été fendu longitudinalement par un plan passant en dehors de l'axe; la petite base nous indique le haut du stipe (2). C'est la plus grosse moitié, qui nous a été conservée; nous verrons sur une section transversale, que si l'anneau libéro-ligneux normal n'est pas complet, nous possédons du moins le contour interne de cet anneau avec l'indication de ses pointements ligneux, ce qui nous permettra de déterminer le cycle du stipe et d'étudier l'agencement des traces foliaires.

Extérieurement le stipe est couvert de mamelons fusiformes (3), disposés en hélices; à la pointe supérieure de chaque mamelon, on observe une petite fossette, laissée par le passage de la trace foliaire, et placée au fond d'un sillon, déterminé par la saillie des deux mamelons voisins. La surface même du stipe n'est pas conservée. On retrouve seulement quelques assises de liège au fond des sillons, de part et d'autre des traces foliaires.

---

(1) La longueur primitive de l'échantillon était de 10cm,5. Elle a été sensiblement réduite par les prélèvements de coupes faits aux 2 extrémités.

(2) Cette détermination est contrôlée par le trajet des traces foliaires sur la cassure longitudinale de l'échantillon.

(3) La disposition de ces mamelons rhomboédriques avait d'abord fait attribuer ce fossile aux genres Lepidodendron ou Knorria. Ce n'est qu'après y avoir prélevé des coupes minces que Renault reconnut que c'était une fougère et lui donna le nom d'Adelophyton, d'ἄδηλος, peu connu et de φυτον, plante.

Sur la cassure longitudinale, on voit au centre du stipe
un cylindre de couleur foncée, constitué par le système
libéro-ligneux et par la gaine mécanique sclérifiée qui
l'enveloppe. De cet axe s'échappent des traces foliaires, qui,
après un trajet presque vertical, se recourbent pour sortir
normalement à la surface du stipe.

Nous ne pouvons mieux faire pour illustrer cette des-
cription, que de renvoyer le lecteur au mémoire de **Renault**,
qui est accompagné d'une planche (Pl. VI), où l'échantillon
est figuré sous tous ses aspects.

### 2. — *Principales régions du stipe.*

La collection Renault contient 4 sections transversales
du stipe d'Adelophyton Jutieri. La préparation n° 1 a été
prélevée à la partie inférieure de l'échantillon par un lapidaire
habitué au travail des silices, probablement M. E. Rousseau ;
elle est mince, bien plane et bien entière ; c'est de beaucoup
la meilleure des quatre. Les trois autres préparations
proviennent de la partie supérieure ; elles ont été faites par
Renault lui-même : elles sont épaisses et plus ou moins
incomplètes.

Sur la préparation 1 (fig. 1, Pl. I), nous distinguons les
régions suivantes :

1° Au centre du stipe, un espace vide, *v*, qui devait être
occupé par un parenchyme à parois minces ; ce tissu n'est
représenté que par des vestiges très faibles. Au milieu de
l'espace vide flotte, isolée, une bande vasculaire, S, sans
attache apparente avec le cercle libéro-ligneux normal ; sur
la préparation 2, nous verrions deux bandes vasculaires
semblables.

2° Un *cercle libéro-ligneux normal, a.n*, comprenant, vers
l'extérieur, un anneau libérien interrompu fréquemment

par la sortie de nombreuses traces foliaires, et vers l'intérieur, un certain nombre de masses ligneuses faisant
inégalement saillie dans l'espace vide.

3° Une *gaine mécanique sclérifié* épaisse, *g.s*, à l'état de
liège interne dans toute sa région extérieure. Cette gaine se
détache bien à cause de la coloration brune de ses parois
cellulaires. Elle joue pour la plante le rôle d'un véritable
squelette. Elle se prolonge autour des traces foliaires
sortantes et les accompagne dans leur trajet intracortical.

4° Un tissu fondamental externe, *tout entier à l'état de
parenchyme étoilé*, *t.e.* Ce tissu aérifère constitue comme on
le voit sur une section transversale, la plus grande partie de
la masse du stipe. Il devait être revêtu d'un *liège externe*,
qui a presque complètement disparu ; quelques lambeaux
en sont cependant visibles aux points, où émergent les
traces foliaires : *l.e.*

3. — *Cycle du stipe.*

Avant d'essayer de déterminer le cycle du stipe, il est
nécessaire d'indiquer brièvement la constitution de la trace
foliaire (1). Au moment où elle quitte le cercle libéro-
ligneux normal pour se rendre dans la fronde, chaque trace
possède une petite masse libérienne à contour circulaire,
et une masse ligneuse complexe, comprenant 5 ilots de
vaisseaux scalariformes, disposés symétriquement et séparés
par des éléments sclérifiés (voir fig. 26, Pl. IV).

Pour déterminer le cycle du stipe nous nous sommes

---

(1) Pour nous la trace foliaire est toujours l'ensemble de tous les faisceaux
libéro-ligneux, qui se rendent dans la feuille. Quand nous voulons désigner un
de ces massifs pris isolément, nous l'appelons faisceau foliaire ou cordon foliaire,
et jamais trace foliaire, comme l'ont fait à tort plusieurs auteurs : à une feuille
déterminée, ne correspond qu'une seule trace foliaire.

servis de la préparation 1 (fig. 1 et 2, Pl. I). Cette opération présente quelques difficultés, car nous ne possédons guère plus de la moitié du cercle libéro-ligneux normal ; par bonheur le contour interne de ce cercle est complet et montre assez nettement les saillies des masses ligneuses absentes. Observons que toutes les masses ligneuses entières de la section comprennent 5 ilots de vaisseaux scalariformes ; nous pouvons donc supposer à priori que chacune appartient à une trace foliaire en train de s'individualiser. Laissons de côté pour le moment, le cordon vasculaire, S, flottant librement au milieu de l'espace vide central et qui semble jouer un rôle à part : nous verrons plus tard que ce cordon ne contient que des éléments ligneux. En bas et à gauche de la figure (fig. 2), nous remarquons une masse ligneuse qui s'avance plus que les autres vers le centre du stipe : pour des raisons que l'on comprendra bientôt, nous lui avons donné le numéro $n$-2. Dans le coin supérieur droit, nous apercevons une autre masse à peine moins saillante que la masse $n$-2, nous lui avons donné le numéro $n$-3. Pour aller de $n$-2 à $n$-3, il nous a fallu tourner à droite (1) : nous continuerons à tourner dans le même sens, en donnant aux masses ligneuses successives des numéros d'autant moins élevés, qu'elles font moins saillie dans l'espace vide intérieur. Quand nous reviendrons en face de notre point de départ, il est clair que nous aurons décrit un cycle complet, et nous en connaîtrons le numérateur et le dénominateur.

A chaque tour, il y a un ou deux sommets de l'hélice foliaire, qui tombent dans la moitié non conservée du stipe ; on les trouvera d'abord facilement, grâce à la saillie de leur masse ligneuse ; c'est ainsi que $n$-4 est bien marquée, $n$-7

---

(1) Il va sans dire que l'observateur est supposé placé au centre du stipe.

fait une bosse large et *n*-9 ne donne plus qu'un pointement
à peine perceptible. *n*-12 et les sommets suivants qui
tombent dans cette région ne sont plus indiqués par rien
du tout; les états *n*-10 et *n*-11 nous montrent en effet que
la trace foliaire a achevé de s'individualiser; son liber s'est
détaché des deux masses réparatrices, qui l'englobaient;
la trace quitte le bord interne du cercle libéro-ligneux et
plus rien ne peut nous renseigner sur sa position dans la
région détruite. Par bonheur, les trois points de repère,
*n*-4, *n*-7 et *n*-9, que nous avons déjà dans cette région, vont
nous permettre de continuer notre route; nous n'avons qu'à
remarquer, par exemple, que la trace foliaire *n*-11 est à côté
et à droite du massif *n*-3, ce qui nous conduit à écrire le
numéro *n*-12 à côté et à droite du massif *n*-4; *n*-14 sera de
même à côté et à droite de *n*-6, *n*-15 à côté et à droite de
*n*-7, et ainsi de suite. En procédant de cette façon nous
arriverons à numéroter tous les sommets de notre cycle.

Arrêtons-nous aux derniers sommets: les traces foliaires
*n*-18 et *n*-19 s'éloignent de plus en plus du centre du stipe
et 2 masses réparatrices, venues de droite et de gauche,
tendent à fermer la brèche laissée par leur passage dans
l'anneau libérien; la trace *n*-20 se placerait dans la région
détruite entre *n*-12 et *n*-7; la trace *n*-21 est complètement
sortie du cercle libéro-ligneux normal et la brèche corres-
pondante est comblée par un massif de liber *devant lequel ne
se trouve aucune masse ligneuse*; ce qui signifie que, tandis
que le liber est déjà réparé, *il n'y a pas encore de masse
réparatrice du bois, au moins en apparence*. Il est pourtant
évident que nous approchons de la fermeture du cycle.
Partant de ce massif libérien, privé de bois, tournons encore
à droite en décrivant un angle d'environ 135°, qui représente
à peu près la divergence de deux traces foliaires consécutives; ceci nous amènera sur le contour interne du cercle
libéro-ligneux en un point A, situé dans la zone détruite;

or précisément en face de ce point A, on trouve à l'extérieur un massif libérien, $ph^{n-1}$, isolé par suite de la destruction de l'échantillon, et à l'intérieur, un massif ligneux S, qui n'est autre que la bande vasculaire centrale, signalée au début. Si nous tournons une dernière fois à droite d'environ 135°, nous retombons sur la masse ligneuse $n$-2, d'où nous sommes partis et notre cycle est fermé. Pour achever notre numérotation nous n'avons qu'à écrire le numéro $n$-1, au point A, et le numéro $n$, devant le massif libérien qui ferme la brèche de la trace foliaire $n$-21.

Nous avons dû passer par 21 frondes avant de revenir en face de notre point de départ: le cycle cherché est $\frac{8}{21}$; l'angle de divergence de 2 frondes consécutives est de 137° 8′ 34″,28; le numéro d'ordre $x$ d'une trace foliaire étant donné, les deux traces contiguës, moins avancées qu'elle, seront : $x + 8$ et $x + 13$. La numérotation des traces foliaires en train de traverser l'écorce n'offre plus aucune difficulté ; nous n'y insisterons pas.

D'après nos figures, le stipe apparaîtrait sénestre; la fronde $n$-21 est en effet la plus basse du cycle, puisqu'elle est la plus proche de sa sortie ; et pour rencontrer les frondes successives dans leur ordre de sortie, il aurait fallu tourner en sens contraire de celui que nous avons suivi, c'est-à-dire à gauche *Nous avons pu nous assurer d'autre part, que les préparations de Renault étaient toutes retournées et que par conséquent le stipe d'Adelophyton est en réalité dextre.* Malgré cette constatation, nous n'avons pas cru devoir retourner à nouveau les préparations, avant de les photographier ; pour l'étude anatomique, il est en effet sans importance que l'enroulement soit dextre ou sénestre, et d'autre part, il y avait un grand intérêt pour le lecteur à pouvoir comparer facilement nos figures avec celles du travail de Renault.

### 4. — *Etats successifs de la trace foliaire.*
### *Agencement des masses libériennes et ligneuses du stipe.*

Il s'agit maintenant de rechercher, comment prend naissance une trace foliaire déterminée, comment ses diverses parties s'individualisent. Pour cette opération une seule section transversale nous est nécessaire : ce sera la même que celle qui nous a servi à trouver le cycle. Les différentes traces foliaires de la section représenteront pour nous les états successifs d'une même trace à laquelle nous donnerons le numéro d'ordre $x$. Nous pourrons alors dresser le tableau suivant (fig. 2, Pl. I et fig. 6 à 21, Pl. II et III) :

### TABLEAU I.

ÉTAT 0. — Au point où va se former la trace foliaire (point marqué $n$ sur les fig. 2 et 12), il n'y a pas de bois, il y a seulement un gros massif de liber. Ce massif est complexe ; il est formé par 2 réparatrices $R_G^x$ et $R_D^x$, dont on peut observer la soudure en remontant aux états -2 et -3 ; ces deux réparatrices sont venues fermer la brèche, laissée dans l'anneau libérien par la sortie de la trace $x$-21.

ÉTAT 1 (fig. 2, 6 et 7). — Devant le massif libérien $R_G^x + R_D^x$, vient se placer un massif ligneux S, paraissant issu du centre du stipe. Ce massif est coupé obliquement.

ÉTAT 2 (représenté par la trace $n$-2, fig. 2 et 8). — Nous reconnaissons que le massif ligneux est composé de 5 ilots de vaisseaux scalariformes $1_M$, $2_G$ et $2_D$, $3_G$ et $3_D$. Le bois de la trace foliaire est donc déjà complètement individualisé. Il n'en est pas de même du liber, qui n'est pas encore délimité, au milieu de la masse des deux réparatrices, qui lui donneront naissance.

États 3 à 8 (fig. 9, 10 et 11). — Le bois de la trace foliaire, dont le trajet est à ce moment presque vertical, fait de moins en moins saillie dans l'espace intérieur.

État 8 (fig. 12). — Le liber s'augmente sur la gauche d'une nouvelle réparatrice ; il en résulte un massif large, formé en réalité par la soudure des réparatrices des 2 traces foliaires contiguës : $x$ et $x + 8$ ; ces 3 masses sont :

$$R_G^{x+8}, \quad R_D^{x+8} = R_G^{x}, \quad R_D^{x}.$$

La masse centrale est on le voit réparatrice de la trace $x + 8$ sur sa gauche, et de la trace $x$ sur sa droite, et nous pouvons l'appeler : $R_D^{x+8}$ ou $R_G^{x}$, suivant que nous considérons l'une ou l'autre de ces deux traces. Ces 3 réparatrices libériennes sont désignées par : $R_G^{n}$, $R_G^{n-8}$ et $R_D^{n-8}$ sur la fig. 12, pour laquelle $x$ est égal à $n$-8.

État 10 (fig. 13 ; $x$ est représenté par $n$-10). — Le liber de la trace foliaire s'isole sur sa gauche de sa réparatrice $R_G^{x}$, qui devient réparatrice droite de la trace $x + 8$. Il est en train de s'isoler de même de sa réparatrice droite $R_D^{x}$, qui deviendra un peu plus haut réparatrice gauche de la trace $x - 8 + 21$ ou $x + 13$.

État 11 (fig. 14). — La trace foliaire définitive est toute entière constituée. Elle possède une masse de liber petite par rapport au volume des réparatrices mères, remarquable par son contour circulaire et par ses petits éléments centraux. Devant ce liber nous trouvons les 5 ilots de vaisseaux scalariformes ; cela fait 6 massifs unis entre eux par des éléments sclérifiés.

États 13, 16, etc. (fig. 15 et 16). — La trace foliaire tend à prendre un trajet oblique ; elle quitte le cercle libéro-ligneux normal, en laissant une brèche dans l'anneau libérien.

États 18, 19, etc. (fig. 17 et 18). — Les deux réparatrices libériennes : $R_G^x$ et $R_D^x$ reviennent pour fermer la brèche. Elles vont se souder et prépareront le liber de la trace foliaire : $x + 21$. Ces deux réparatrices sont désignées par : $R_G^{n-19}$ et $R_D^{n-19}$ sur la fig. 18.

État 21 (représenté par la trace $n$-21 sur la fig. 12, Pl. II). — La brèche libérienne est fermée devant la trace.

État 24 (fig. 19, Pl. III). — La trace foliaire $x$ traverse la gaine sclérifiée.

Etat 39 (fig. 20). — La trace foliaire quitte la zône sclérifiée et traverse le tissu aérifère ; le massif libérien et les 5 massifs ligneux sont encore reconnaissables ; la trace emmène avec elle une gaine sclérifiée.

Etat 44 (fig. 21). — Dernier aspect de la trace dans l'écorce ; son trajet est devenu presque horizontal. Les cordons vasculaires sont malheureusement détruits.

De la lecture du tableau qui précède, nous pouvons déjà tirer d'importantes conclusions :

Tout d'abord nous voyons que le stipe d'Adelophyton Jutieri présente un *anneau libérien discontinu*, qui comprend 21 *grosses masses réparatrices*, isolées ou anastomosées, entre lesquelles nous reconnaissons un *nombre égal de petites masses sortantes* individualisées ou non. L'agencement des masses libériennes est donc tout à fait pareil à ce que nous trouverions chez une fougère actuelle, l'Osmonde par exemple, où le liber du stipe peut être également divisé en portions réparatrices et portions sortantes.

En second lieu, nous constatons ce phénomène étrange, c'est que, toutes les masses ligneuses, situées sur le cercle libéro-ligneux normal, appartenant chacune à une trace foliaire déterminée, *il n'y a pas sur ce cercle un seul massif réparateur de bois*. Bien plus, nous savons que le massif

ligneux central S, auquel nous avons assigné le numéro
$n$-1, est lui-même un massif sortant, et de cette analyse
minutieuse, nous sommes obligés de conclure, que le
*système ligneux du stipe d'Adelophyton Jutieri n'est composé
absolument que de masses sortantes*, sans que nous puissions
dire d'où elles proviennent.

Nous avons bien vu, qu'un massif ligneux émerge à un
moment donné du centre du stipe (État 1) et vient se placer
devant un massif libérien, appartenant au cercle normal et
privé de bois. Mais si nous avons nettement établi le mode
de formation du massif libérien (soudure des 2 réparatrices
$R_G^x$ et $R_D^x$), nous ne savons pas du tout, comment le massif
ligneux correspondant a pris naissance. Pour résoudre ce
problème, il faut non pas examiner les états successifs d'une
trace foliaire sortante, comme nous l'avons fait, mais ceux
d'une trace rentrante. Nous n'avons qu'à parcourir rapi-
dement notre cycle en sens inverse.

TABLEAU II.

Etats 21 à 13 (fig. 12 et 18 à 15). — A l'approche de la
trace foliaire d'ordre $x$, dans l'anneau libérien s'ouvre une
brèche par laquelle la trace pénètre dans le cercle libéro-
ligneux normal.

Etats 11 et 10 (fig. 14 et 13). — La trace foliaire prend
place sur le cercle normal ; son liber s'accole latéralement
avec la réceptrice $R_D^x$.

Etat 8 (fig. 12). — Le liber s'accole de même avec la
réceptrice $R_G^x$ ; le *bois garde son individualité*.

Etat 2 (fig. 2, Pl. 1, et fig. 8, Pl. II). — Le bois se sépare
du liber et pénètre dans l'espace vide intérieur ($n$-2, fig. 2) ;
*il se dirige vers un cordon ligneux central*, S, avec lequel *il
semble vouloir se souder*.

ÉTAT 1 (fig. 6 et 7, Pl. II). — La *fusion du cordon ligneux central et du bois de la trace foliaire est un fait accompli*, puisque nous ne voyons plus qu'un seul massif.

Conclusion : *le cordon ligneux central S* (fig. 2, Pl. I) *constitue à lui seul toute la portion ligneuse réparatrice du stipe d'Adelophyton Jutieri.* Il est donc complexe et non pas simple, comme nous l'avions admis au début de cette étude ; il semble, il est vrai, formé uniquement par le massif ligneux *n*-1 ; mais *il s'apprête à recevoir le massif n-2 au devant duquel il se porte;* il recevra de même les massifs *n*-3, *n*-4, *n*-5, . . . . qui *déjà s'avancent vers le centre*; et le corollaire de ces faits, c'est qu'il avait reçu plus haut les massifs ligneux *n, n* + 1, etc.

Ainsi, *le cordon ligneux central est en réalité un sympode formé par le prolongement et la fusion des bois des traces foliaires successives;* ce que nous pouvons exprimer encore en disant : *la portion ligneuse réparatrice du stipe est représentée par un cordon central, qui fournit successivement le bois de toutes les traces foliaires.*

Pour bien établir ce fait, nous avons placé après la photographie de la préparation 1, celles des préparations 2 et 3. Ces coupes ont été prélevées comme nous l'avons dit à la partie supérieure de l'échantillon ; cependant pour la commodité de nos explications, nous raisonnerons comme si elles étaient inférieures à la préparation 1 ; ceci est légitime à condition de leur donner une orientation homologue, en conservant aux massifs ligneux les mêmes numéros que sur la préparation 1. La préparation 2 (fig 3, Pl. I) nous montre alors d'une façon très nette *la convergence des bois des traces foliaires n-3 et n-2*; c'est la confirmation, pour ainsi dire tangible, de ce que nous avons appris sur la préparation 1 ; nous savons déjà que le bois de *n*-2 est complexe et représente en réalité, la somme des bois de *n*-2 et de *n*-1, et nous voyons maintenant s'opérer la fusion

de *n*-1 et de *n*-3, comme nous avions vu celle de *n*-1 et
de *n*-2.

Examinons encore la préparation 3 (fig. 4). Celle-ci est
oblique ; en outre le cordon sympodial est un peu dérangé
de sa route ; ce cordon résulte de la fusion des bois de *n*-2
et de *n*-3 : il se dirige vers le bois de *n*-4, qui est en retard,
tandis que les bois de *n*-5 et de *n*-6, qui sont très en avance,
semblent déjà se précipiter l'un vers l'autre.

L'examen de ces 3 coupes, surtout des deux premières,
met un autre fait en évidence : ce sont les oscillations du
sympode ; ce sympode n'est rien moins qu'un cordon
ligneux vertical ; il décrit au contraire *une hélice à spires
assez serrées*, en se portant successivement à la rencontre
des massifs ligneux rentrants. Ainsi s'explique que sur
une section longitudinale, on ne puisse pas rencontrer ce
cordon dans toute sa longueur : il est toujours coupé à
plusieurs niveaux différents (fig. 5, Pl. I) ; des massifs
ligneux qui viennent s'ajouter au sympode les uns sont vus
en coupe radiale, *c.l*, les autres en coupe oblique, S ; ces
derniers ne se distinguent d'ailleurs pas du sympode lui-
même. Aussi l'impression qu'une semblable section produit
sur l'observateur, c'est que le bois de toutes les traces
foliaires, après un parcours, plus ou moins long dans l'espace
vide central, s'arrête brusquement, comme si son prolongement avait été détruit.

Renault en avait conclu, que primitivement il y avait au
centre du stipe un axe, qui donnait naissance aux massifs
foliaires successifs, et que cet axe, composé de cellules
vasiformes, peu résistantes, avait été détruit avant la silici-
fication.

Les coupes transversales montrent qu'un pareil axe
n'existe pas ; tous les cordons vasculaires intérieurs ont au
contraire été conservés ; ils forment un sympode héliçoïdal,
qui en section transversale, apparaît comme un cordon

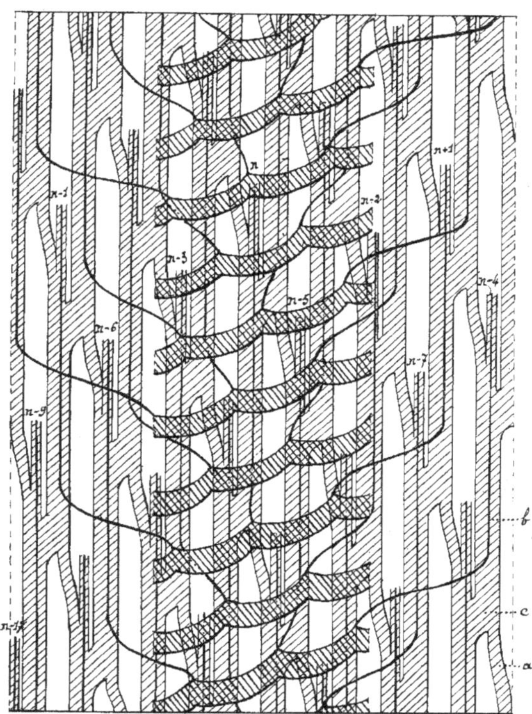

Fig. 30. — Développement du parcours des faisceaux du stipe de l'Adelophyton.
Le cylindre a été fendu suivant la génératrice $n-17$ et étalé sur le plan tangent à la génératrice diamétralement opposée au niveau de l'anneau libéro-ligneux normal. Les cordons soulignés par des hachures inclinées à gauche indiquent le trajet des cordons libériens ; on voit que la plupart sont des anastomoses doubles ou même triples :

Anastomose double, $b$ ;
Anastomose triple, $c$ ;
Cordon réparateur simple, $a$.

On a limité la longueur de chaque trace foliaire à 1 segment au-dessus de l'individualisation du liber.

Le cordon, dont les hachures sont inclinées vers la droite montre le trajet du sympode ligneux et la manière dont il émet le bois des traces foliaires. Les cordons en trait plein indiquent le trajet des bois des traces foliaires, déjà individualisés dans toutes leurs parties. On voit qu'ils accompagnent d'abord une région libérienne anastomotique pendant 9 ou 10 segments avant d'entraîner le bois destiné à la même trace.

unique, et en section longitudinale, se résoud en une série de petits cordons isolés. Le parcours de faisceaux de la fig. 30 du texte rend compte de ces faits ; il montre les masses ligneuses sortantes s'échappant du sympode ligneux héliçoïdal et venant se placer à la face interne du tube libérien, où elles s'élèvent ensuite verticalement pendant 9 ou 10 segments : l'individualisation du liber étant alors terminée, la trace quitte le cercle libéro-ligneux normal. Après avoir vu ce parcours de faisceaux, on n'a aucune peine à réunir par une hélice continue les cordons vasculaires S et *c.l* de la section longitudinale représentée fig. 5, Pl. I. Les spires de l'hélice sont seulement moins serrées dans la réalité que sur notre parcours.

Les résultats de cette étude peuvent s'énoncer ainsi :

1. Dans le stipe d'Adelophyton Jutieri, le bois et le liber forment deux systèmes indépendants l'un de l'autre.

2. Le bois est représenté par un seul cordon réparateur, véritable sympode héliçoïdal, isolé au centre du stipe.

3. Le liber constitue un tube épais entourant l'espace vide central. Ce tube est résoluble en 21 cordons réparateurs à parcours sinusoïdal.

4. Les 2 systèmes entrent en relation pour la formation des traces foliaires ; les masses ligneuses sortantes, issues du sympode central, se placent à la face interne de l'anneau libérien et constituent avec ce dernier un cercle libéroligneux normal, d'où s'échappent régulièrement les traces foliaires.

### 5. — *Le Bois.*

Le bois de la trace foliaire comprend 5 groupes de vaisseaux scalariformes disposés symétriquement (fig. 25 et 26, Pl. IV) :

Un petit îlot médian postérieur : $1_M$ ;

3

Deux ilots latéraux postérieurs : $2_G$ et $2_D$ ;
Deux îlots latéraux antérieurs : $3_G$ et $3_D$.

Ces deux derniers sont plus gros que les autres et tendent à se diviser, de sorte qu'en certains points, la trace paraît avoir 7 massifs ligneux (fig. 25).

Chaque massif présente un petit nombre de trachéides larges, toutes semblables entre elles à ornements scalariformes. En section longitudinale (fig. 27), on voit que ces ornements sont des échelles très lâches, assez irrégulières et dirigées plus ou moins obliquement ; les raies sont parfois si larges que l'on croirait presque voir des éléments spiralés. Entre deux échelons consécutifs, on observe de minces stries longitudinales, à aspect fibreux. A intervalles presque réguliers, les vaisseaux sont brisés par le retrait.

En dehors de ces trachéides, on n'observe nulle part de vaisseaux spiralés. Il n'y a donc pas de pôles trachéens, pas de protoxylème ; le bois est tout entier à l'état de *métaxylème primaire : il forme 5 masses apolaires.*

Tout contre les trachéides, il y a une couche de petites cellules plates ; en section longitudinale, elles apparaissent comme des fibres primitives à parois minces, recloisonnées transversalement. Elles forment parfois des groupes un peu plus importants dans les sinus, qui tendent à diviser en deux les ilots antérieurs $2_G$ et $2_D$ (*f.p*, fig. 25 et 26). Dans ces éléments nous ne voyons rien qui rappelle du liber.

L'ensemble des 5 massifs ligneux est enveloppé par une gaine de cellules mécaniques isodiamétriques, *g.s.* Cette gaine n'est au fond que le prolongement de la gaine sclérifiée, qui enveloppe tout le cercle libéro - ligneux normal ; et il n'y a pas lieu de lui donner un nom différent. Nous remarquerons seulement qu'au voisinage du bois les éléments sclérifiés sont plus petits que ceux situés en arrière du liber ; leurs parois sont plus minces ; les ponctuations, qui les recouvrent se resserrent et s'effilent, produisant ainsi

un fin reticulum, parfois visible sur la photographie ($g''.s''$,
fig. 25 et 26).

La couche la plus profonde de cette gaine mécanique,
celle qui est en contact avec les fibres primitives à parois
minces, prend un facies d'endoderme.

La gaine sclérifiée tend à s'insinuer entre les 5 ilots
ligneux d'une même trace foliaire. L'intrusion n'est toutefois
qu'apparente ; les éléments qui occupent le centre du massif
ligneux sont en effet des fibres primitives recloisonnées
transversalement et sclérifiées ($f.s$, fig. 25, 26 et 27).

La gaine mécanique s'intercale par contre entre le bois et
le liber ; au moment où le bois quitte le sympode central
pour se placer devant le liber, elle forme là 3 ou 4 assises
souvent bien parallèles ($g.s$, fig. 25, Pl. IV). Quand la trace
s'éloigne du cercle normal, le contact entre le bois et le
liber devient plus intime ; la gaine sclérifiée interposée
entre eux, semble s'écarter : elle est remplacée par des éléments à parois minces ($k$, fig. 19, Pl. III), fibres primitives,
puis amylome. Ceci nous fait présager un englobement plus
complet du bois par le liber, que nous verrions peut-être
réalisé dans la fronde.

En se rendant dans le sympode, les vaisseaux scalariformes font place à des éléments courts, presque globuleux,
de calibre plus faible ; les échelles plus resserrées leur
donnent l'aspect d'éléments scalariformes typiques (fig. 24,
Pl. IV). Comme Renault l'avait remarqué, le bois du
sympode forme deux masses inégales : l'une petite et ronde
$1_M$, fig. 24), l'autre, beaucoup plus considérable en forme
de fer à cheval. Il nous est facile de discerner dans cet
ensemble ce qui appartient à la trace sortante, $n$-1. La petite
masse ronde est l'ilot médian postérieur de la trace, $1_M$ ; les
deux ilots latéraux postérieurs, $2_G$ et $2_D$, forment les deux
extrémités des branches du fer à cheval et sont prêts à se
séparer ; enfin à leur suite on peut encore détacher par la

pensée deux autres masses un peu plus grosses ; ce sont les
2 ilots latéraux antérieurs : $3_G$ et $3_D$. Si nous supposons
enlevées toutes les parties destinées à la trace *n*-1 il nous
reste encore une masse de bois pleine S, occupant le sommet
du fer à cheval ; c'est le cordon ligneux réparateur proprement dit ; son volume est, on le voit, plus petit que celui de
la masse ligneuse sortante.

Nous avons ainsi vérifié la complexité de la bande vasculaire centrale, et nous pouvons compléter ce que nous
savions déjà de l'agencement du bois dans le stipe, en disant :
les 5 ilots ligneux d'une trace foliaire rentrante confluent
avec ceux des traces, qui lui sont supérieures ; ils forment
une masse de bois pleine à éléments courts, scalariformes ;
ces éléments ne figurent d'ailleurs pas des trachées, mais
simplement un diaphragme aquifère. Les fibres sclérifiées
se terminent en pointe en pénétrant dans le sympode (*f.s*,
fig. 24). La gaine mécanique, au contraire, se prolonge
autour du sympode, où elle forme trois ou quatre assises
d'éléments cloisonnés radialement (*g.s*, fig. 24).

6. — *Le Liber*.

Soit dans le sympode, soit dans les massifs ligneux
sortants, nous n'avons rencontré que des trachéides ou des
éléments diaphragmatiques, des fibres primitives à parois
minces et des fibres sclérifiées ; contrairement à ce qu'avait
indiqué Renault, ces cordons vasculaires ne contiennent pas
d'éléments libériens. Le liber n'accompagne certainement
pas le bois ; il doit donc former un système indépendant ; ce
système est l'anneau libérien.

Nous avons déjà indiqué sa position et l'agencement des
masses qui le composent. Mais la véritable nature de ce
système a été méconnue par Renault, qui l'avait pris pour
un tissu de parichnos, composé d'éléments sécréteurs. Ne

pouvant croire à une pareille indépendance du bois et du liber, il avait cherché les tubes criblés au voisinage des trachéides scalariformes ; nous avons montré qu'il n'en était rien. Il nous reste à établir que le soi-disant tissu de parichnos représente en réalité le liber.

Prenons une trace foliaire sortante, par exemple $n$-11 (fig. 26, Pl. IV). La masse libérienne a un contour bien circulaire (voir aussi : fig. 14 à 18, Pl. II et III). Le centre est occupé par de petits éléments à parois très minces : c'est ce que nous pouvons appeler le *protophloème* (*pr*, fig. 26) ; le pôle libérien est central au lieu d'être à l'état de bandes marginales comme chez les fougères actuelles.

Autour du protophloème viennent des éléments plus gros recloisonnés longitudinalement et même tangentiellement, ce qui fait penser à du liber secondaire : c'est le métaphloème, *m.p.*

L'assise péricambiale, *a.p*, forme autour du métaphloème, 2 à 3 couches de cellules à parois minces, faciles à reconnaître. La couche externe est en contact avec une couche de cellules sclérifiées, que l'on peut appeler endoderme, *e.n*, fig. 26.

Une section longitudinale nous montre que protophloème et métaphloème sont tous deux formés uniquement par des tubes criblés. Ce sont des éléments très allongés, fermés de loin en loin par des parois obliques. Cet aspect est bien celui de tubes conducteurs de sève élaborée ; il n'y a là ni canaux, ni tubes sécréteurs. Il y a plus : bien que les préparations longitudinales ne soient pas favorables à cette recherche, nous avons réussi à voir les ornements des tubes grillagés ; nous avons constaté que les tubes du protophloème portent une rangée de plages criblées à contour arrondi ou ovale (1),

---

(1) La conservation n'est cependant pas suffisante, pour permettre de voir les trous des cribles.

*cr*, fig. 28, Pl. IV. Les tubes du métaphloème portent une ornementation analogue. Ainsi aucun doute ne peut subsister sur la nature libérienne de ces éléments.

Nous avons encore à examiner le liber des masses réparatrices. Nous avons vu que le tube libérien est résoluble en 21 cordons réparateurs à parcours sinusoïdal ; si nous nous reportons au parcours de faisceaux de la figure 30 du texte, nous voyons que ces cordons ne s'isolent que sur un espace très court, en *a* par exemple ; la plupart du temps, chacun d'eux est accolé avec son voisin de droite ou de gauche, ou avec tous les deux, pour former un cordon anastomotique double, *b* ou triple, *c* ; les cordons doubles *b*, sont beaucoup plus longs que les autres ; aussi sur une section transversale de l'anneau libérien, ce sont les groupes anastomotiques doubles, c'est-à-dire les groupes formés par la soudure de deux masses réparatrices simples qui prédominent. Sur la préparation n° 1 (fig. 2, Pl. I), il y aurait, en supposant la partie détruite restaurée, 8 *groupes anastomotiques doubles* de liber, que nous désignerons par le numéro de la masse ligneuse sortante située devant eux ; ce seront :

$$n\text{-}1, \quad n\text{-}4, \quad n\text{-}7, \quad n\text{-}2, \quad n\text{-}5, \quad n\text{-}8, \quad n\text{-}3, \quad n\text{-}6.$$

Entres ces 8 groupes, on trouverait ; 5 *masses réparatrices simples* situées : la 1^re entre $n$-1 et $n$-4, la 2^e entre $n$-4 et $n$-7, la 3^e entre $n$-2 et $n$-5, la 4^e entre $n$-5 et $n$-8, la 5^e entre $n$-3 et $n$-6.

Mais de ces 5 masses la 1^re et la 3^e adhèrent encore au liber de la trace foliaire située sur leur gauche, c'est-à-dire : la 1^re au liber de la trace $n$-9, la 3^e au liber de la trace $n$-10 ; la 2^e et la 4^e sont étroitement accolées aux 2 groupes anastomotiques doubles $n$-7 et $n$-8, qui deviennent ainsi 2 *groupes triples*. Il ne reste donc sur la section qu'une seule réparatrice libérienne simple qui soit tout à fait isolée. Cette réparatrice est représentée fig. 26, Pl. IV. C'est la réparatrice droite de la trace foliaire $n$-11. Elle a un contour elliptique et son volume est environ 3 fois celui du liber de la trace foliaire, placé à côté d'elle. Le protophloème, $pr$, ne représente ici qu'une toute petite partie du liber, à son voisinage s'est produit une grande déchirure, $d$; le métaphloème, $m.p$, est très développé avec de grandes cellules grillagées; autour nous trouvons l'assise péricambiale, $a.p$.

Les anastomotiques libériens doubles, ont naturellement un volume double de celui des réparatrices simples; leur forme est assez variable, comme le montre la série des figures 8 à 11, Pl. II; mais leur structure est la même que celle des réparatrices simples : protophloème central avec déchirure au voisinage, grosses cellules de métaphloème, assise péricambiale, (fig. 25, Pl. IV). Sur la fig. 11, Pl. II, l'anastomotique prend une forme plus renflée; nous avons indiqué les deux réparatrices $R_G^{n-6}$ et $R_D^{n-6}$, qui le composent et le point $ph^{n-6}$, qui correspond à peu près au centre du liber de la trace foliaire sortante, lequel n'est pas encore délimité. Cet anastomotique s'apprête à recevoir une réparatrice simple sur sa gauche et à devenir groupe triple.

Sur la préparation 1, un seul des 2 groupes anastomotiques triples a été conservé; il est représenté grossi, fig. 12, Pl. II. Ce groupe contient 3 réparatrices libériennes simples :

$$R_G^n, \ R_D^n = R_G^{n-8}, \ \text{et} \ R_D^{n-8},$$

qui sont indiquées approximativement sur la figure, ainsi que le protophloème, $pr$ de la trace $n$-8. La structure est peu différente de celle d'une réparatrice simple ou d'un anastomotique double; il y a plusieurs déchirures au voisinage du protophloème. Les éléments, qui entourent ces déchirures, sont imprégnés de produits bruns.

La dislocation du groupe anastomotique triple est intéressante à suivre : malheureusement entre les figures 12 et 13, Pl. II, il y a une lacune, provenant de ce que la trace foliaire $n$-9 tombait dans la région détruite du stipe. Cette lacune peut être comblée au moyen de la préparation 2 (fig. 3, Pl. I). Cette préparation présente en effet 2 groupes anastomotiques triples, dont les composantes sont :

$$R_G^{n-2},\ R_D^{n-2} = R_G^{n-10},\ R_D^{n-10}, \text{ pour le } 1^{er} \text{ groupe et :}$$

$$R_G^{n-3},\ R_D^{n-3} = R_G^{n-11},\ R_D^{n-11}, \text{ pour le } 2^e \text{ groupe.}$$

Ces 2 groupes s'intercalent tout naturellement entre les figures 12 et 13. Ils montrent bien comment le liber de la trace foliaire s'individualise aux dépens de ses 2 réparatrices droite et gauche : l'anastomotique libérien triple se divise, en redonnant un anastomotique double sur sa gauche, et en libérant sur sa droite une réparatrice simple, en même temps que le liber d'une trace sortante.

### 7. — *Le tissu central et les cellules vasiformes.*

Les quelques vestiges du tissu fondamental interne, que l'on retrouve entre les massifs ligneux S et $n$-3 (*tf.i*, fig. 24), indiquent que ce tissu était composé de grosses cellules arrondies à parois minces. Nous ne savons pas s'il s'agit là d'une véritable moëlle ou de fibres primitives.

Au contact du tissu fondamental interne, la gaine sclérifiée donne une couche de cellules plates cloisonnées radialement, C, fig. 14. Sur cette assise on trouve intérieurement les cellules vasiformes de Renault. Elles forment une couche continue à la surface de la gaine sclérifiée et tout autour du sympode et des cordons ligneux, qui se jettent sur lui. En certains points, elles sont groupées en petits amas V, fig. 16, Pl. III. Renault pensait que ces cellules vasiformes étaient les débris dispersés d'un axe vasculaire central sur lequel seraient venus s'attacher tous les cordons ligneux

foliaires ; il croyait trouver une confirmation de cette
manière de voir dans la présence d'un amas de cellules vasiformes à la pointe du massif $n$-1, V.$i$, fig. 24, Pl. IV : cet
amas représentait d'après lui, ce qui restait de l'axe vasculaire central. En réalité, si l'on considère que la portion de
cordon qui unit le massif $n$-2 au massif S, est dirigée
obliquement (fig. 2, Pl. I), on voit que son revêtement de
cellules vasiformes a simplement été touché par la coupe ;
faite un peu plus bas, la coupe aurait montré la confluence
des 2 massifs.

Ces cellules vasiformes sont des éléments courts ; elles
ont des parois épaisses à ornements spiralés. Cependant elles
ne représentent pas du bois, et il est même très douteux
qu'elles aient eu un rôle conducteur quelconque.

8. — La gaine mécanique sclérifiée.

La gaine mécanique sclérifiée est le véritable tissu
squelettique de la plante ; son élément caractéristique est
la cellule mécanique isodiamétrique, à parois fortement
épaissies et colorées, mais ornées de nombreuses ponctuations. Les ponctuations forment un réseau plus ou moins
fin, bien visible sur toutes les sections. Les éléments, qui
entourent la masse ligneuse de la trace foliaire sont plus
petits et plus finement réticulés, $g'.s'$, $g''.s''$, fig. 25 et 26,
Pl. IV. Vers l'extérieur, au voisinage du liège interne, les
ponctuations deviennent plus grossières.

Au contact de l'assise péricambiale du liber et des fibres
minces, qui entourent le bois, la gaine sclérifiée donne une
couche d'éléments cloisonnés radialement, qui peut être
considérée comme un endoderme, $en$ ; au contact du tissu
central, elle donne de même une couche de cellules plates.
Ceci exprime simplement cette propriété du tissu fondamental sclérifié de donner au voisinage des tissus mous ou
conducteurs une assise à aspect épidermique.

4

Extérieurement, il se produit des cloisonnements parallèles dans la gaine sclérifiée ; il en résulte un *liège interne* diffus, sclérifié également et ponctué, à alignements radiaux très nets, *l.i*, fig. 22 et 23, Pl. III. Les files de ce liège se disjoignent à leurs extrémités ; le liège devient lacunaire et passe ainsi insensiblement au parenchyme étoilé, dont les premiers éléments sont eux-mêmes colorés en brun et épaissis, *t.e*, fig. 23.

La gaine sclérifiée se prolonge autour des cordons ligneux intérieurs et du sympode ; elle accompagne de même les traces foliaires à travers l'écorce, et est alors formée presque exclusivement par le liège interne, *l.i*, fig. 20 et 21, Pl. III. Malgré cette protection, le bois et le liber ont été ici détruits après la chute de la fronde, de sorte que nous ne savons pas ce que devient la trace foliaire en pénétrant dans cette dernière. Des sections tangentielles nous ont seulement permis de constater une certaine tendance du liber à envelopper le bois ; on voit aussi apparaître des trachées dans le bois, mais sans qu'on puisse rien dire du mode de différenciation ligneuse ; il est probable que dans la fronde, la trace a une courbure directe (trace en fer à cheval des Anglais) et que chaque apolaire donne un divergeant.

Les nombreuses traces foliaires sortantes dessinent sur une section transversale (fig. 1, Pl. I) 8 hélices secondaires dextres et 13 hélices secondaires sénestres. Les hélices dextres sont plus apparentes ; chacune d'elles est jalonnée par 4 traces foliaires dans la gaine mécanique et par 2 ou 3 dans le tissu cortical ; le 4e terme et souvent aussi le 3e terme de chaque hélice, font saillie à la surface de la gaine, qui prend ainsi un contour étoilé.

### 9. — *Le tissu aérifère.*

Tout l'espace compris entre le liège interne et la surface

de la plante est occupé par un tissu étoilé, *l.e*, fig. 22 et 23, Pl. III. Les éléments de ce tissu contigus à la gaîne mécanique sont nettement stelliformes ; mais ceux qui suivent, ont été rendus très transparents par la silification, *l.e*, fig. 1 ; au premier abord on croirait voir de grandes cellules arrondies : les cavités de ces soi-disant grandes cellules ne sont que les lacunes de notre parenchyme. Renault a été trompé par cet aspect ; en partant d'un point convenablement choisi, par exemple de la trace foliaire *n*-39 ou de la trace *n*-44 (fig. 20 et 21), on voit au contraire le parenchyme étoilé se continuer sans interruption, tandis que les branches des étoiles s'étirent davantage. Même là où les parois n'ont laissé que des vestiges minces et transparents, nous reconnaissons encore ce parenchyme étoilé ; nous le retrouvons d'ailleurs nettement au voisinage du liège externe (*l.e*, fig. 29, Pl. IV), ce qui prouve qu'il occupe bien tout l'espace compris entre les deux lièges. Les parois transversales, qui séparent les branches de deux cellules étoilées portent de grosses ponctuations.

Du liège externe, il ne reste que quelques assises de cellules polygonales, de part et d'autre de la sortie des traces foliaires (*l.e*, fig. 1 et fig. 29) ; il formait très probablement un revêtement continu autour de la plante.

Le stipe ne devait pas posséder de manchon radicifère analogue à celui de nos fougères actuelles, à moins de supposer que ces racines aient pris naissance directement sur les feuilles.

Le tissu aérifère de l'Adelophyton permet une abondante circulation d'air et dénote un milieu très humide. Des tissus aérifères semblables se retrouvent chez toutes les plantes, qui ont des racines ou des tiges à demi-plongées dans l'eau (plantes de l'habitat de là Mangrove ; plantes houillères).

### 10. — *Position systématique de l'Adelophyton Jutieri.*

A première vue, l'Adelophyton Jutieri ne peut se rapprocher d'aucun groupe de plantes connues, puisque sa structure ne se retrouve nulle part ailleurs. Procédons d'abord par élimination : l'importance de la trace foliaire et l'influence, qu'elle a sur l'organisation du stipe, éloignent tout de suite l'Adelophyton des Lycopodiacées et des Equisetacées ; l'absence de faisceaux unipolaires simples ou unipolaires diploxylés l'écarte des Cycadées et des Gymnospermes. Il ne reste alors que les Fougères qui puissent entrer en considération.

Avons-nous des raisons plus positives de le placer dans ce groupe ? L'agencement des masses libériennes, avons-nous dit, rappelle ce que nous trouvons chez les Fougères actuelles ; nous avons mis en évidence les 21 cordons réparateurs à parcours sinusoïdal du liber. Les ornements du bois (échelles) et du liber (plages criblées simples) sont bien des ornements de Filicinées ; par contre, nous ne trouvons pas chez l'Adelophyton le liber interne, si habituel aux Fougères (1). Malheureusement aucun de ces caractères n'est exclusivement propre à ce groupe de plantes.

Le fait que le stipe ne contient que des masses ligneuses apolaires, surtout que le sympode central est lui-même une apolaire, nous paraît un argument décisif. Depuis longtemps, en effet, M. C. Eg. Bertrand a reconnu que chez un grand nombre de Fougères, le stipe était constitué uniquement par des apolaires ; la plupart des anatomistes qui étudient ces plantes, arrivent successivement à la même constatation et M. Tansley écrit (2) : « Comme les

---

(1) Nous le retrouverions peut-être dans la fronde.

(2) A. G. Tansley and Miss R. B. J. Lulham : A. Study of the vascular system of *Matonia pectinata*. Annals of Botany. Octob. 1905 ; page 503.

recherches de Boodle l'ont montré chez les Hyméno-
phyllacées et les Schizœacées et celles de Gwynne Vaughan
chez *Loxsoma* et diverses Davalliacées, les trachées sont
chez beaucoup de Fougères limitées à la feuille et sont *tout
à fait absentes de la tige....* » ; et plus loin : « Les trachées
dans la tige des Fougères sont toujours, conformément aux
recherches de Gwynne Vaughan, le prolongement de celles
du pétiole », ce qui veut dire qu'il n'y a pas de protoxylème
dans le stipe des Fougères en dehors des cordons trachéens
venus de la fronde et qui s'éteignent en descendant.

Si l'on nous objectait que ce phénomène de l'extinction
des trachées descendues de l'appendice peut se retrouver
dans d'autres groupes que les Fougères, nous répondrions
qu'en tout cas des apolaires ligneuses primaires aussi déve-
loppées n'ont été rencontrées que chez elles ; l'allure de ces
apolaires n'appartient qu'à elles. Nous rangerons donc sans
hésitation l'Adelophyton Jutieri parmi les Fougères ; il y
formera naturellement un groupe à part. Nous n'essaierons
pas pour le moment de préciser davantage sa position systé-
matique. Il nous faudrait pour cela connaître la fructifi-
cation ; il nous faudrait surtout savoir ce que devient la
trace foliaire en pénétrant dans la fronde.

## II. — *Conclusions.*

Par l'indépendance du bois et du liber, l'Adelophyton
Jutieri présente un intérêt qui n'échappera à aucun bota-
niste. Le bois et le liber sont deux tissus différents, non
moins par leur structure que par leurs fonctions ; nous
concevons donc à priori que les deux systèmes soient séparés,
qu'ils aient chacun leur situation particulière dans le corps
de la plante. Or les faits donnent tort à cette conception.
Chez les Cryptogames vasculaires comme chez les Phanérogames, le bois et le liber sont partout constamment accolés

l'un à l'autre : dans la masse radiée des Lycopodiacées, l'anneau libérien empâte l'étoile ligneuse ; dans le divergeant des Fougères, le liber interne et le liber externe tapissent les deux faces du bois, dont une couche d'amylome les sépare ; dans le faisceau unipolaire diploxylé des Cycadées, comme dans le faisceau unipolaire des Phanérogames, le liber s'établit immédiatement en arrière du bois ; enfin dans le faisceau multipolaire de la racine, le liber occupe toutes les places laissées libres entre les coins de bois. Nous pouvons donc dire que l'accolement du bois et du liber est la règle chez les Phanérogames et les Cryptogames vasculaires : la notion de *faisceau libéro-ligneux* a pu subir d'importantes modifications depuis son apparition ; elle n'en continue pas moins de s'imposer par la force des faits observés et par les services qu'elle a rendus aux anatomistes.

Un certain nombre d'auteurs emploient, il est vrai couramment les expressions : faisceaux libériens, faisceaux ligneux, et l'on cite des exemples, de jour en jour plus nombreux, où l'indépendance des uns et des autres semble s'accuser. Mais lorsque l'on examine impartialement tous ces exemples, on est bien obligé de reconnaître ce fait : c'est que, quelle que soit la plante à laquelle on s'adresse, on y trouve toujours un système normal, composé de faisceaux libéro-ligneux, c'est-à-dire de bois et de liber accolés. Si à côté nous observons des cordons libériens isolés, des cordons ligneux isolés, toujours ces cordons apparaissent comme des complications ajoutées au système primitif (1).

Les raisons physiologiques ne manquent d'ailleurs pas pour expliquer ces perfectionnements : l'établissement de cordons ligneux médullaires assure une nouvelle réserve

---

(1) Nous laissons de côté, bien entendu, le cas simple où ces cordons dérivent directement d'un faisceau libéro-ligneux normal par avortement de l'un des tissus.

d'eau en général destinée aux feuilles, l'établissement des cordons libériens permet une meilleure distribution de la sève élaborée aux cellules de la moëlle, l'apport et l'enlèvement de matières de réserve..., etc. Les deux sortes de besoins ne sont pas nécessairement simultanées et nous comprenons parfaitement que les deux appareils se développent séparément. Mais la présence du système libéroligneux normal est toujours là pour nous rappeler que l'association du bois et du liber est le phénomène primitif.

Pour la première fois, dans le stipe de l'Adelophyton Jutieri, nous trouvons réalisée une véritable indépendance des deux systèmes libériens et ligneux. On peut objecter que cette indépendance n'est pas absolue, puisque dès qu'il s'agit de former une trace foliaire, le sympode, obéissant pour ainsi dire à l'appel de la masse libérienne anastomotique, détache un cordon ligneux qui vient se placer devant elle; nous croyons au contraire que cette indépendance ne saurait être plus complète. Il faut en effet de toute nécessité, qu'à chaque fronde le sympode central envoie un cordon ligneux ; pour sortir ce cordon doit ouvrir une brèche dans le tube libérien ; et il est presque obligatoire que cette ouverture soit produite précisément par le départ du liber de la même trace foliaire ; les deux phénomènes : sortie du bois et sortie du liber sont donc fatalement connexes ; de sorte qu'on ne peut pas imaginer une indépendance plus grande des deux systèmes sans produire en même temps un désordre inextricable dans l'agencement du stipe. Il est toutefois probable que cette indépendance cesse dans la fronde ; bois et liber sont alors enveloppés par une gaine sclérifiée commune ; les raisons physiologiques sont trop nombreuses qui tendent à les rapprocher.

En résumé :

1° Le stipe d'Adelophyton Jutieri possède un cercle

libéro-ligneux normal constitué par un anneau libérien discontinu et par 7 masses ligneuses sortantes placées à sa face interne. L'anneau libérien comprend 8 groupes anastomotiques doubles et 5 masses réparatrices simples, isolées ou adhérentes à l'un des 8 groupes. 7 des groupes anastomotiques correspondent aux 7 masses ligneuses sortantes ; la masse ligneuse destinée au 8ᵉ anastomotique libérien est encore au centre du stipe. L'ensemble des 8 anastomotiques doubles et des 5 réparatrices simples représente 21 cordons libériens réparateurs à parcours sinusoïdal.

2⁰ A l'intérieur du cercle libéro-ligneux normal, il y a un cordon ligneux réparateur unique, ou sympode, à parcours héliçoïdal ; c'est une masse de bois pleine à l'état d'apolaire, qui donne naissance à toutes les masses ligneuses sortantes. Le cordon réparateur ligneux est nettement isolé des 21 cordons réparateurs libériens.

Le cycle du stipe est : $\Omega = \frac{8}{21}$ dextre ; l'angle de divergence est $137^0\ 8'\ 34'',28$.

3⁰ Le liber de la trace foliaire est une petite masse à contour circulaire, à protophloème central ; le bois, situé en avant du liber et sur le même rayon, est divisé en 5 apolaires à trachéides scalariformes. L'association du bois et du liber devient de plus en plus intime à mesure que la trace s'éloigne du cercle libéro-ligneux normal.

4⁰ Une gaine mécanique sclérifiée, à l'état de liège interne diffus à sa phériphérie, enveloppe étroitement l'anneau libérien et les masses ligneuses sortantes. Elle se prolonge autour des traces foliaires corticales, et des cordons ligneux intérieurs.

5⁰ Le tissu fondamental interne, en grande partie détruit, paraît avoir été constitué par de grandes cellules arrondies, à parois minces ; il est différencié en cellules vasiformes au contact du cercle libéro-ligneux normal et des masses ligneuses intérieures.

6° Le tissu fondamental externe est un parenchyme étoilé épais, indiquant une plante très aquatique ; ce tissu était revêtu d'un liège externe.

7° L'Adelophyton Jutieri est une fougère à stipe dressé ; sa structure anatomique en fait un type absolument à part, auquel nous ne connaissons pas d'analogue, ni chez les Fougères, ni chez les autres groupes végétaux.

# EXPLICATION DES PLANCHES.

## PLANCHE I.

### Coupe type. — Détermination du Cycle.

Fig. 1. Section transversale du stipe d'Adelophyton Jutieri. B. 163, c. 1, (1)
collection Renault. Gr. = 3.

$v$, espace vide central.
$a.n$, anneau libéro-ligneux normal.
$g.s$, gaine mécanique sclérifiée.
$t.e$, parenchyme étoilé.
$l.e$, liège externe.
$n$-39, trace foliaire quittant la gaine mécanique.
$n$-44, trace foliaire traversant le tissu cortical.
$n$-52, trace foliaire s'échappant horizontalement.
S, bande vasculaire centrale.

Fig. 2. Le cercle libéro-ligneux normal avec la gaine sclérifiée qui l'enveloppe.
B. 163, c. 1, collection Renault. Gr. = 8.

S, bande vasculaire centrale, formée par la fusion du sympode ligneux
réparateur et du bois de la trace foliaire $n$-1.
A, point du contour interne du cercle libéro-ligneux où prendra
naissance la trace foliaire $n$-1.
$ph^{n-1}$, groupe anastomotique double de liber, formé par la soudure
de 2 réparatrices simples $R_D^{n-1}$ et $R_G^{n-1}$. C'est à l'intérieur de ce
groupe que se différenciera le liber de la trace $n$-1.
$t.e$, parenchyme étoilé.
$l.i$, liège interne.
$g.s$, gaine sclérifiée.
$n$, point du contour interne du cercle libéro-ligneux où viendra se
placer la masse ligneuse sortante $n$.
$n$-2 à $n$-8, masses ligneuses sortantes. En arrière de chaque masse
ligneuse sortante, on trouve le groupe libérien anastomotique de
même numéro, qui fournira le liber correspondant.
$n$-10 à $n$-21, traces foliaires sortantes ayant leur bois et leur liber
individualisés.

(1) C'est-à-dire, boite 163, coupe 1.

Fig. 3. Section transversale du cercle libéro-ligneux normal. B. 163, *c.*  ,
collection Renault. Gr. = 8.

On a donné aux traces foliaires les mêmes numéros que sur la figure 2.

A, point du contour interne du cercle libéro-ligneux normal où
vient s'attacher la masse ligneuse sortante $n$-1.

$S_{n-2}$, bande vasculaire intérieure résultant de la fusion du sympode
et de la masse ligneuse $n$-2. Elle marche à la rencontre de la masse
ligneuse sortante $n$-3.

*t.e*, parenchyme étoilé.

*l.i*, liège interne.

Fig. 4. Section transversale du cercle libéro-ligneux normal. B. 163, *c.* 3,
collection Renault. Gr. = 8.

On a donné aux traces foliaires les mêmes numéros que sur les fig. 2 et 3.

$S_{n-3}$, bande vasculaire centrale résultant de la fusion des bois des
traces $n$-2 et $n$-3. Ce sympode est sensiblement dérangé de sa
route normale ; il se dirige vers le bois de $n$-4, qui est très en
retard. Les bois des traces foliaires $n$-5 et $n$-6 sont au contraire
très en avance.

A, point d'attache de la masse ligneuse sortante $n$-1.

$n$-2, point d'attache de la masse ligneuse sortante $n$-2.

$n$-3, point d'attache de la masse ligneuse sortante $n$-3.

Fig. 5. Section longitudinale de la région centrale du stipe. B. 163, *c.* 9,
collection Renault. Le sympode ligneux réparateur S et les masses
ligneuses sortantes, *c.l*, sont coupés obliquement : mais toutes ces
sections sont visiblement disposées sur une hélice.

## Planche II.

**Etats successifs de la trace foliaire.**

Détails de la fig. 2, Pl. I, grossis, d'après la préparation B. 163, *c.* 1, de la
collection Renault. Gr. = 40.

Lettres communes à toutes les figures :

*pr*, protophloème.

*m.p*, métaphloème.

*a.p*, assise péricambiale.

$1_M$, îlot ligneux médian postérieur de la trace foliaire sortante.

$2_G$, $2_D$, îlots ligneux latéraux postérieurs.

$3_G$, $3_D$, îlots ligneux latéraux antérieurs.

*f.s*, fibres sclérifiées unissant les 5 îlots d'une même masse ligneuse
sortante.

*g.s*, gaine mécanique sclérifiée enveloppant l'anneau libéro-ligneux,
s'insinuant autour des masses ligneuses sortantes et des masses
libériennes.

V, cellules vasiformes, formant un revêtement continu à la face
interne du cercle libéro-ligneux normal.

Fig. 6. Groupe anastomotique libérien double $n$-1 : il a été isolé par suite de la destruction de l'échantillon. (Etat 1 de la trace foliaire).

A, point situé sur le contour interne du cercle libéro-ligneux où viendra se poser la masse ligueuse sortante $n$-1.

Fig. 7. Masse ligneuse complexe, comprenant une portion réparatrice, S et une masse ligneuse sortante, destinée à la trace foliaire $n$-1. (Etat 1 de la trace foliaire).

S, apolaire ligneuse représentant un sympode ligneux réparateur unique, à parcours hélicoïdal.

1M, 2G, 2D, îlots de vaisseaux scalariformes destinés à la trace $n$-1 (voir fig. 24, Pl. IV).

V.$i$, amas de cellules vasiformes dépendant du revêtement de cellules vasiformes, qui existe autour du cordon sympodial ; cette enveloppe a été rencontrée tangentiellement par la coupe.

Fig. 8. La trace foliaire $n$-2. Le bois de la trace est complètement individualisé et présente ses 5 îlots de vaisseaux scalariformes ; le liber de la trace ne s'individualise que 8 ou 9 segments plus haut. (Etat 2 de la trace foliaire).

$ph$, groupe libérien, anastomotique double $n$-2.

Fig. 9. La trace foliaire $n$-3. (Etat 3 de la trace foliaire).

Fig. 10. La trace foliaire $n$-5. (Etat 5 de la trace foliaire).

$d$, déchirure dans le liber du groupe anastomotique double $n$-5.

Fig. 11. La trace foliaire $n$-6 (Etat 6 de la trace foliaire). La masse ligneuse sortante présente toujours ses 5 îlots de vaisseaux scalariformes ; les 2 îlots antérieurs, 3G et 3D. tendent à se diviser. Le groupe anastomotique libérien $n$-6 se renfle beaucoup ; on y distingue les régions suivantes :

$R_G^{n-6}$ , réparatrice gauche du liber de la trace $n$-6.

$R_D^{n-6}$ , réparatrice droite du liber de la trace $n$-6.

$ph^{n-6}$, région qui donne le liber de la trace $n$-6.

Fig. 12. La trace foliaire $n$-8 (État 8 de la trace foliaire).

Même observation au sujet de la masse ligneuse sortante, que sur fig. 11 : il tend à se faire 7 îlots ligneux. Le groupe libérien anastomotique double est devenu groupe triple, par l'addition de la réparatrice simple $R_G^n$ sur sa gauche.

$R_G^{n-8}$ , réparatrice gauche du liber de la trace foliaire $n$-8 ; elle devient réparatrice droite du liber de la trace $n$.

$R_D^{n-8}$ , réparatrice droite du liber de la trace $n$-8.

$pr$, protopholème, centre d'individualisation du liber de la trace $n$-8.

Fig. 13. La trace foliaire $n$-10 (État 10 de la trace foliaire) $ph^{n-10}$, liber de la trace $n$-10.

$R_G^{n-10}$ et $R_D^{n-10}$, réparatrices du liber de la trace $n$-10.

La réparatrice droite s'isole complètement ; la réparatrice gauche est devenue réparatrice droite pour la trace $n$-2.

Fig. 14. La trace foliaire $n$-11 (État 11 de la trace foliaire) $ph^{n-11}$ liber de la trace
$n$-11.

$R_D^{n-11}$, réparatrice droite du liber, complètement isolée.


## Planche III.

**Suite des états successifs de la trace foliaire.**

Détails des figures 1 et 2, Pl. I, grossis. B. 103, $c$. 1, collection Renault. Pour
toutes les figures à l'exception des figures 20 et 21. Gr. $= 40$.

Lettres communes à toutes les figures :

$ph$, liber de la trace sortante.

$a.p$, assise péricambiale.

$l.i$, liège interne.

$g.s$, gaine sclérifiée.

$t.e$, parenchyme étoilé.

$1_M$, $2_G$, $2_D$, $3_G$, $3_D$, îlots de vaisseaux scalariformes de la masse
ligneuse sortante.

Fig. 15. La trace foliaire $n$-13 (État 13 de la trace foliaire).

$ph^{n-13}$, liber de la trace $n$-13.

$R_G^{n-13}$ et $R_D^{n-13}$, réparatrices du liber de la trace $n$-13. La réparatrice
droite est devenue réparatrice gauche du liber de la trace $n$.

Fig. 16. La trace foliaire $n$-16 (État 16 de la trace foliaire).

$ph^{n-16}$, liber de la trace $n$-16.

$R_G^{n-16}$ et $R_D^{n-16}$, réparatrices du liber de la trace $n$-16.

V, cellules vasiformes.

Fig. 17. La trace foliaire $n$-18 (État 18 de la trace foliaire).

$ph^{n-18}$, liber de la trace sortante.

Fig. 18. La trace foliaire $n$-19 (État 19 de la trace foliaire).

$ph^{n-19}$, liber de la trace sortante.

$R_G^{n-19}$ et $R_D^{n-19}$, réparatrices du liber de la trace.

Fig. 19. La trace foliaire $n$-24, dans la traversée de la gaine mécanique. (État
24 de la trace foliaire). Les éléments sclérifiés, qui séparaient le bois
du liber, s'écartent et sont remplacés par des éléments à parois plus
minces, $h$.

$a.p$, assise péricambiale.

$g.s$, gaine mécanique sclérifiée.

Fig. 20. La trace foliaire $n$-39 (État 39 de la trace foliaire). Le bois et le liber
sont détruits. La trace est entourée par une gaine mécanique sclérifiée,
presque toute entière à l'état de liège interne. Le parenchyme étoilé
est bien visible en avant et tout autour de la trace ; à mesure qu'on
s'éloigne de la trace, les parois des cellules étoilées deviennent de
plus en plus transparentes. Gr. $= 24$.

Fig. 21. La trace foliaire *n-44* (Etat 44 de la trace foliaire). La trace traverse le parenchyme étoilé. On reconnaît encore la place du liber, et des 5 ilots de vaisseaux scalariformes. Gr. = 24.

Fig. 22. Le liège interne et le parenchyme étoilé au dos de la trace foliaire *n-34*. La figure montre l'extension du tissu étoilé dans la région où les parois deviennent transparentes et indistinctes.

Fig. 23. Le liège interne et le parenchyme toilé ; région située en arrière de la trace foliaire *n-6* (voir fig. 1, Pl. I).

La figure montre le passage graduel du liège interne au parenchyme étoilé.

## Planche IV.

### Histologie.

Fig. 24. La bande vasculaire centrale, de la figure 2, Pl. I, grossie. Cette bande est coupée obliquement B. 163, *c*. 1, collection Renault. Gr. = 64.

1M, 2G, 2D, 3G, 3 , les 5 ilots de vaisseaux scalariformes de la masse ligneuse sortante *n-1*.

S, sympode proprement dit, qui donne naissance au bois de la trace *n-1*. et qui donnera le bois de toutes les traces foliaires.

Ce sympode est composé d'éléments scalariformes courts dont les ornements sont bien visibles.

*f.s*, fibres sclérifiées unissant les 5 ilots de vaisseaux scalariformes de la trace *n-1* : elles se terminent en pointe en arrivant dans le sympode.

V, cellules vasiformes formant un revètement autour de tout le massif ligneux ; leurs ornements spiralés ne sont pas visibles.

V.*i*, amas de cellules vasiformes placées à la pointe du sympode, et provenant de ce que le revètement sympodial a été rencontré tangentiellement par la préparation.

*g.s*, gaine sclérifiée ayant 2 ou 3 assises de cellules.

*tf.i*, vestiges du tissu fondamental interne.

Fig. 25. Une masse ligneuse sortante et le groupe libérien anastomotique double qui lui correspond, d'après la trace foliaire *n-5* (voir fig. 10, Pl. II). Gr. = 64.

*a.p*, assise péricambiale.

*m.p*, métaphloème.

1M, 2G, 2D, 3G, 3D, les 5 ilots de vaisseaux scalariformes de la masse ligneuse sortante *n-5*. Les 2 ilots antérieurs tendent à se dédoubler.

*f.s*, fibres sclérifiées unissant les 5 ilots ligneux.

*f.p*, fibres primitives à parois minces, entourant les éléments scalariformes et recloisonnées transversalement.

*g.s*, la gaine mécanique sclérifiée interposée entre le bois et le liber.

*g'.s'*, la gaine mécanique passant sur la face interne du cercle libéro-ligneux normal.

*g".s"*, la gaine mécanique au voisinage du bois ; elle montre ses fins ornements.

*g"'.s"'*, la gaine mécanique au voisinage du liber.

Fig. 26. Une trace foliaire sortante complètement individualisée et une réparatrice libérienne simple isolée. Gr. = 64.

*pr*, protophloème.

*d*, déchirure du liber.

*en*, endoderme.

*ph*$^{n-11}$, liber de la trace foliaire *n-11*.

$R_D^{n-11}$, réparatrice droite de la trace *n-11*. Elle est complètement isolée.

Les autres lettres ont la même signification que sur la figure 25.

Fig. 27. Section radiale, un peu oblique, d'une masse ligneuse sortante, montrant les ornements scalariformes des trachéides ligneux. B. 163, *c*. 10, collection Renault. Gr. = 160.

*v.s*, vaisseaux scalariformes.

*f.s*, fibres sclérifiées, unissant les 5 îlots de vaisseaux scalariformes.

*g.s*, gaine mécanique sclérifiée.

Fig. 28. Section longitudinale d'un massif libérien, montrant les plages des tubes criblés. B. 163, *c*. 8, collection Renault. Gr. = 160.

*cr*, plages criblées, alignées sur un tube libérien.

Fig. 29. Section transversale du liège externe, au voisinage du point d'échappement d'une trace foliaire. On reconnaît encore en arrière du liège, le parenchyme étoilé. B. 163, *c*. 1, collection Renault. Gr. = 40.

*l.e*, liège externe.

*t.e*, parenchyme étoilé.

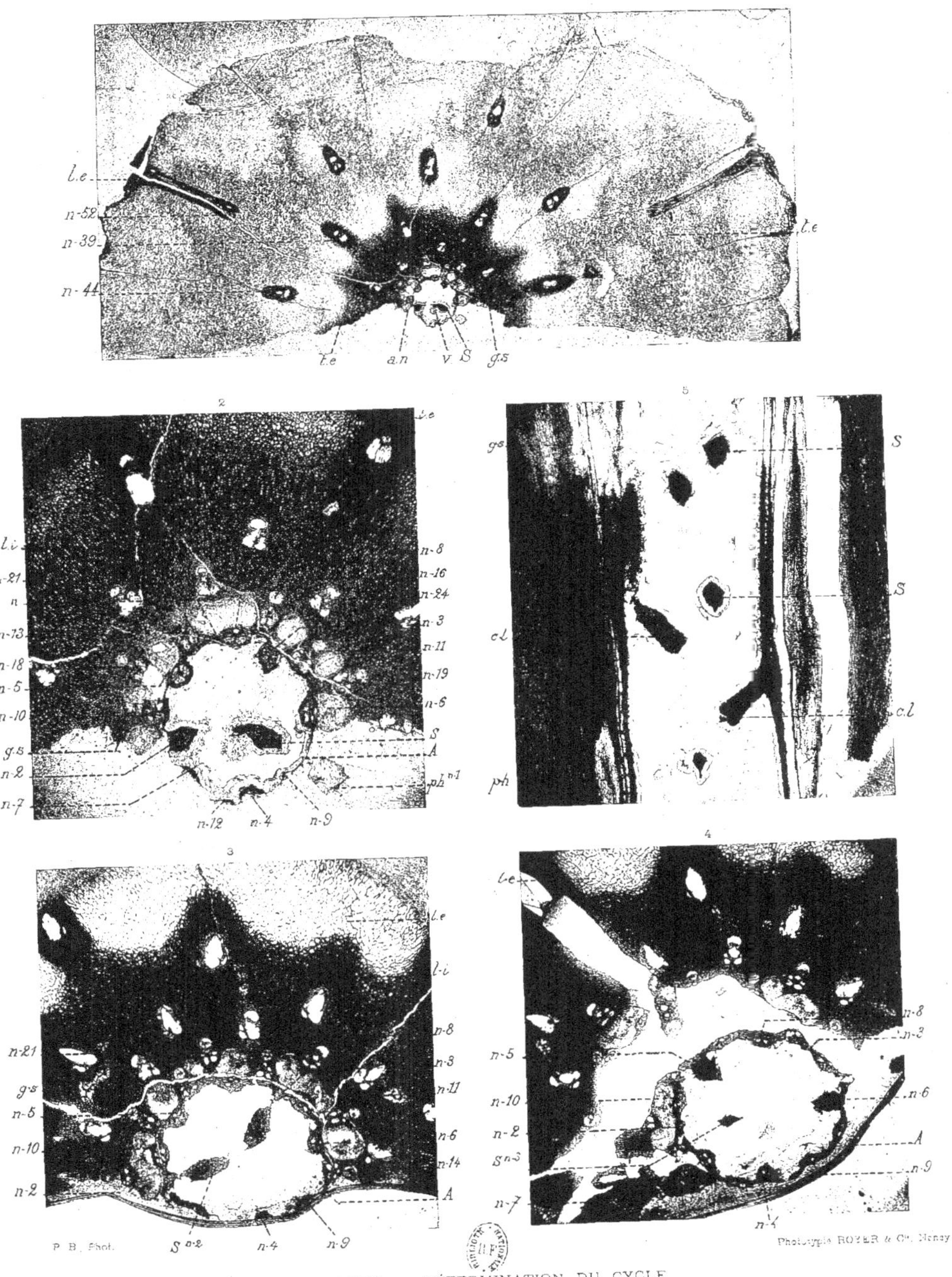


COUPE TYPE — DÉTERMINATION DU CYCLE

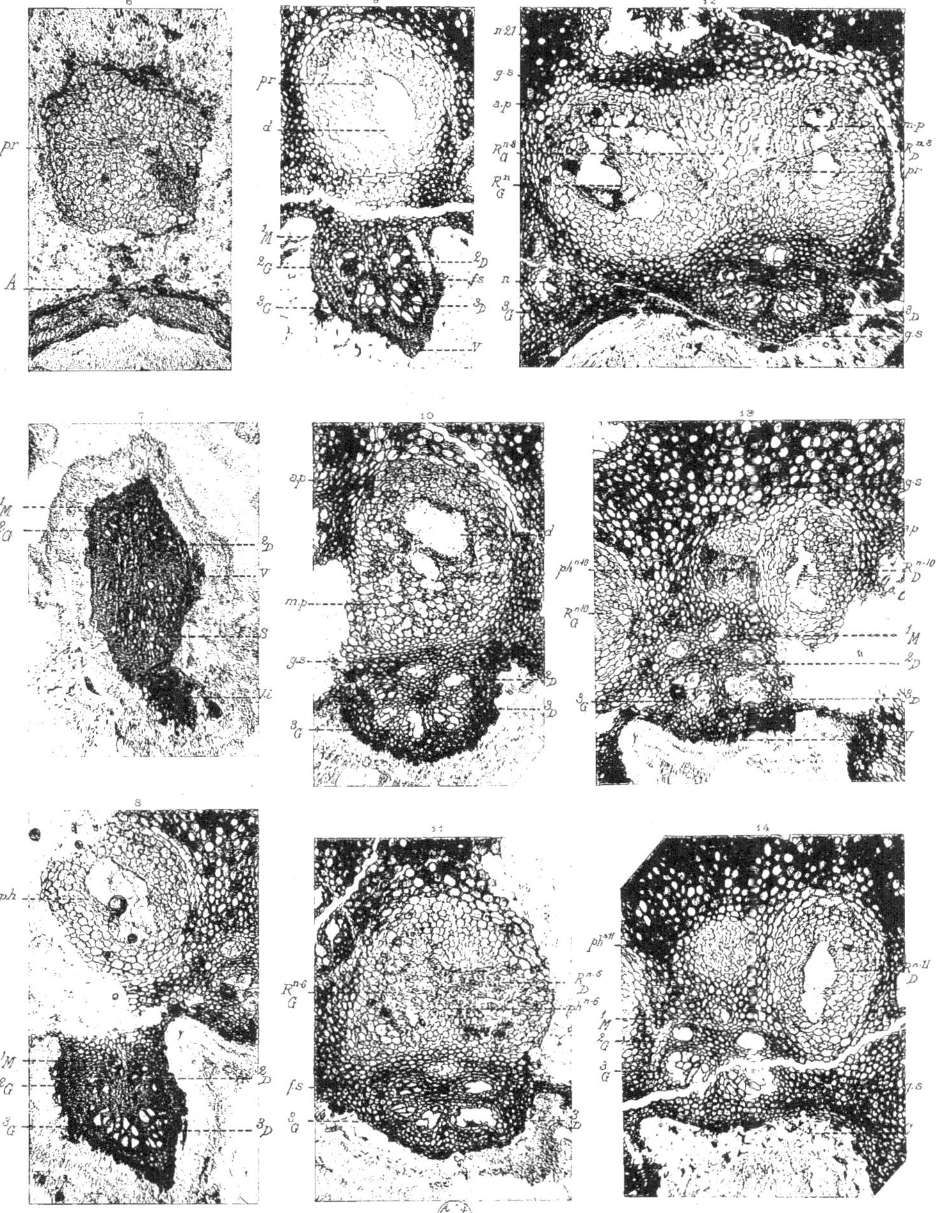







ÉTATS SUCCESSIFS DE LA TRACE FOLIAIRE

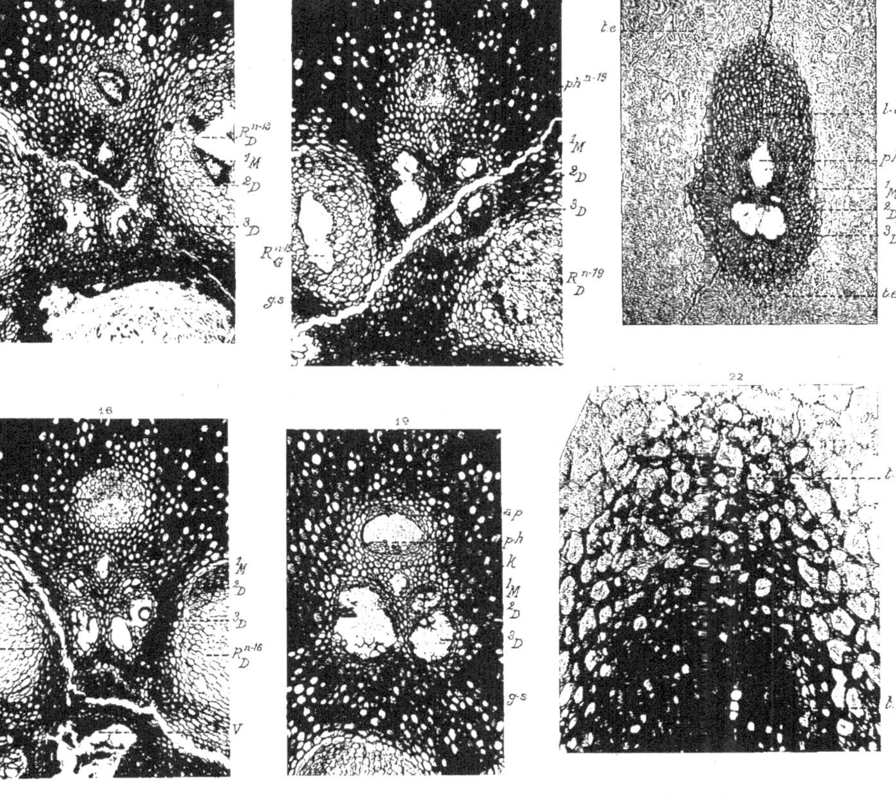





ÉTATS SUCCESSIFS DE LA TRACE FOLIAIRE *(Suite)*

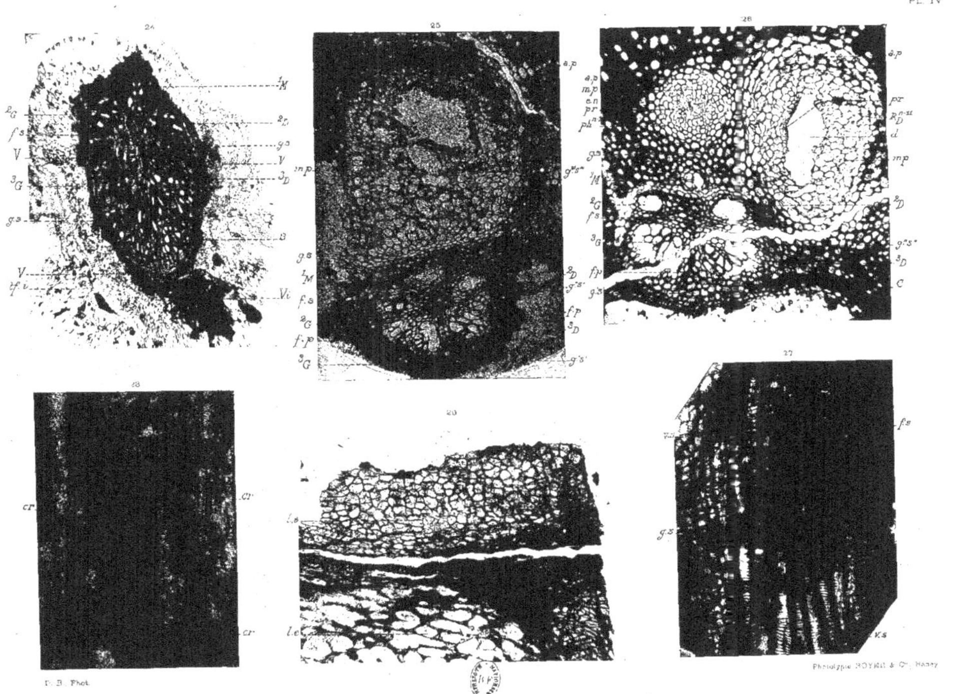


HISTOLOGIE
D. B. Phot.
Phototypie ROYER & C'e, Nancy